아직도 사람을 믿는다

김영천 시집

시와
사람

아직도 사람을 믿는다

2025년 6월 9일 인쇄
2025년 6월 13일 발행

지은이 김영천

펴낸이 강경호 편집장 강나루 디자인 정찬애
펴낸곳 도서출판 시와사람
등록 1994년 6월 10일 제 05-01-0155호
주소 광주시 동구 양림로119번길 21-1(학동)
전화 (062)224-5319 E-mail jcapoet@hanmail.net

ISBN 978-89-5665-774-5 03810

값 12,000원

*이 책은 전라남도, (재)전라남도문화재단의 후원을 받아 발간되었습니다.

이 도서의 국립중앙도서관 출판예정도서목록(CIP)은
서지정보유통지원시스템 홈페이지(http://seoji.nl.go.kr)와
국가자료종합목록 구축시스템(http://kolis-net.nl.go.kr)에서
이용하실 수 있습니다.

아직도 사람을 믿는다

제10시집을 펴내며

내 안의 모든 생각들이
새로운 나라로 태어나게 하소서

찬란한 밤하늘 별빛으로 오시던지
뇌성벽력, 천둥번개로 내려치시던지
아아, 꽃으로나, 눈물로나
사랑으로 오시던지

말 안에 가식이 없게 하시고
형식 안에 내용을 가두지 않게 하소서

보다 많은 꿈을 꾸게 하시어
고난과 눈물의 이 땅을
아름다운 노래로 채우게 하시고
내 모든 언어가 세상을 향해
두 손 모아 간절한 기도가 되게 하소서

2025년 6월
김영천

아직도 사람을 믿는다 / 차례

제1부 소문은 바람을 닮았다

제2부 내가 지은 집

제3부 사랑이나 희망의 다른 이름

작품론

아직도 사람을 믿는다

제1부

소문은 바람을 닮았다

너와 팔짱 끼고 걷기

내가 너보다 높아지지 않겠다
내가 너보다 많이 가지지 않겠다
더불어 앉아 내 마음을 전하고
대답하지 않는 널 섭섭해 하지 않겠다

꽃을 바라보듯 아름다움을 고마워하고
대신에 향기를 받아들이듯
너를 한껏 칭찬하고 대신에
미소를 고마움으로 받아들이겠다

내가 너보다 빠르게 가지 않겠다
내가 너보다 편하게 가지 않겠다
더불어 걸으며 내 노래를 전하고
감동하지 않는 널 서운해 하지 않겠다

물속에 잠기어 평안해짐을 고마워하는 돌멩이처럼,
바람 속에 스미어 시원해짐을 고마워하는 풀잎처럼

나는 너의 팔짱을 끼고
오래 오래 걷겠다

기다릴 줄 아는 힘

껍질을 찢고 나오는

그 지루한 시간이나,

몸집을 키우고

날개를 말리는 순간이나,

빨리 탈피하지 못한다고

애닳아 하지 말아라

기다리지 않고 이루는 것들은

다 생명이 짧다

자득自得

늙어서 저절로 알게 된 것을
자득自得이라 한다

세상은 내가 없어져도
감쪽같이 진행되어 가리라는 것도
그 중 하나다

무얼 위해 그리 애쓰시는가

먹기 위해 사는 것이나
살기 위해 먹는 것이 매 한가지라는 것도
저절로 알았다

거저리

나미브 사막에 사는 딱정벌레 "거저리"는
해가 뜨기 전 모래 밖으로 나와
300m나 되는 정상을 그 작은 발로 끈기 있게 올라가서
물구나무를 선다하네

등에 있는 돌기에 안개가 붙어
물방울을 이루고
또르륵 굴러 마침내 입으로 마신다 하네

자꾸만 굴러 내리는 모래알을 딛으며
몇 번이나 그만 두고 싶었을까
몇 번이나 그만 내려가고 싶었을까

지표면의 온도가 70도까지도 올라간다는
열사의 사막에서는
아무리 힘들고 마음 아파도
차마 눈물 한 방울 흘리지 못하고 살아간다하네

코이

어항 속에선 겨우 10센티도 안되는 코이가
호수나 강에선
1미터까지도 자란다고 하듯이

내가 마음을
얼마나 크게 먹었느냐에 따라
바보나 현자가 된다

내가 세상을 얼마나 용서하는가에 따라
시인이 되었다가
무지랭이가 되었다가 한다

그 혜량이 얼마나 넓은지 몰라
내 안의 그 깊은 수심에
작은 물고기 한 마리 풀어놓는다

진예자기퇴속進銳者其退速

나아가는 것이 빠르면 물러감도 빠르다고
맹자가 미리 일렀으되

남보다 한 걸음이라도 빨리 도착하기 위해
지금도 종종거리며 발을 구르는 이들이
그 행사를 위해 밤잠을 설친다만
광풍노도의 내일을 누가 알겠는가

타인과의 경쟁보다
내 안의 나와 마주 앉아보는 것이
더 멀리 가는 방법일진데
더딘 꽃이 더 고임도 받고
늦게까지 피는 법

바람에 살랑거리는 잎새들에서
인생을 배우는 게 어떻겠는가

어떤 기도

두 손을 모으고 있다고 해서
다 기도하는 것은 아니다

어쩌면 누군가에게 손을 내밀고 싶은 것을
억지로 참기 위해
한 손이 다른 한 손을 붙잡는 것일 수도 있다

그 손이 누군가에게 폭력을 가하려는 것인지
그 손이 누군가에게
도움을 청하려는 것인지
아니면 사랑하는 마음을 전하기 위해
간절히 뻗어내는 것인지 알 수 없다

더구나 그가 눈이라도 감고 있다면
한 마음이 또 한 마음에 뻗어라가려는 간절함을
강력히 붙드는 것일 수도 있다

어쩌면 그렇게
제 목숨을 꼬옥 붙들고
남은 세상을 겨우 견디고 있는 것인지도 모른다

하루살이

하루살이 성충에게는 입이 없습니다. 먹지 못한다는 얘기입니다. 그래서 오래 살 수가 없지요. 물속에서 2~3년 동안이나 애벌레로 살다가 겨우 껍데기를 벗고 성충이 되어 물 위로 날아올랐지만 주어진 시간은 짧게는 한 시간에서 길게는 이삼 일 삽니다 -인터넷에서

노래를 잘 부르지도 못하고
말을 잘 하지도 못하고
겨우, 먹기만 잘 해도

입이 있다는 것 하나만으로도
너무나 감사한 일입니다

시가 잘 안 써져도
애면글면, 사는 일이 더욱 힘들어도
먹고 마실 수 있으니 감사합니다

아, 하고 입을 벌리라 하고
서로 먹여주는
어미와 아이가 천국입니다

이런 이력서가 좋겠네

수상 경력이나
업적 같은 것을 쓰지 않고
좋아하는 꽃 이름이나
새 이름을 적게 하는 이력서가 있으면 좋겠네

무슨 모임에서 일했는지
어떤 자리에 앉았었는지 이런 것 쓰지 않고
키우던 강아지는 이름이 뭐였는가
산은 어떤 산을 가보았는가
이런 것을 묻는 이력서가 있으면 좋겠네

혹시 별자리 이름 아는 것 있으면 써보라든지
꿈을 꾸던 도시의 이름은 무언지
생각해보라든지
학력이나 학위 같은 것 대신
저서의 목록 대신
이런 것들을 물어보는 곳은 없을까

이력서 뒷장에
자기 소개서를 쓰되

첫 사랑에 대해 생각나는 대로 써 보라든지
좋아하는 시가 있으면 한 편 적어 보라든지
어디 이런 이력서 내라는 곳은 없을까

내 삶 다 정리하고
다시 이력서 한 장 써보고 싶네

아직도 사람을 믿는다

세상 사람들이 모두
태극기를 들고 고함을 지르고
촛불을 켜고 목청을 높일 때에도

장미꽃 한 다발을 사들고
아내의 생일을 축하하기 위해
신나게 걸어가는 가장이 있다는 것

세상 사람들이 온통
아이돌의 노래 소리에 흥분을 하고
축구 응원하느라 밤새 고함을 지를 때도

작은 화분 하나 사들고
남편의 승진을 축하하기 위해
콧노래를 부르며 집으로 돌아가는 엄마가 있다는 것

아파트가 어쩌고 재건축이 어쩌고
세상 사람들이 모두 시퍼렇게 돈독이 올라도
종부세가 어떻고 보유세가 어떻고
온 나라가 세금 잔치로 왁자지껄 할 때도

아스팔트 틈새기 그 지난한 곳에서
풀꽃 한 송이 피어나는 것을
휴대폰 꺼내 사진을 찍는 어린 학생이 있다는 것

아, 그래서 하늘엔 별이 빛나고
사람들은 더욱 아름답다는 것

나비잠을 자라

갓난아이처럼 두 팔을 활짝 펼치고
나비잠을 자더라도

참선이라도 하는 듯
마음을 모을 것,

번민과 걱정들을 털어버리고
날개를 접듯
모든 생각을 접고 잠을 잘 것

더듬이처럼,
이 놈의 세상 또르르 말아 감고
쉿! 움직이지 마시라
채집당해도 모르도록
그렇게 깊이 잠이 드시라

꿈이야 나래를 활짝 펴고
꽃을 향해 한없이 날던지
달디 단 꿀에 발 담구고
사랑을 나누던지

바람이 불어도 끄떡없이
온 밤을
오래 오래 참으시라

침잠하시라

"ㄹ"이란 글자

"ㄹ"이란 글자는
무릎을 꿇고
고개를 숙이는 형상이다

"이"가 무릎 꿇으면 "일"이 되듯이
둘 중에 하나가 무릎을 꿇으면
하나로 쉽게 통합이 된다

서로가 용서하고,
서로가 이해하고 양보하면
비로소 하나가 된다

ㄱ시인

아무렇지 않은 일을
가장 심각하게 말할 수 있는 너를

그렇게 심각한 일조차
삐죽삐죽 웃음이 나오게 하는 너를

우리가 왜 시인이라 하는 줄 아느냐

모두 다 탈을 쓰고 사는 세상에
조금씩 숨기고 감추고 사는 세상에
너 혼자 벌거숭이로 제 수치 다 내놓고
덩더쿵, 덩더쿵

하찮은 말조차
참 아름다운 노래가 되게 하는 너를

그런 훌륭한 시조차
금방 제 일상이 되게 하는 너를

종심에 이르다

마음 내키는 대로 해도
규범에 크게 어긋남이 없는 나이가 되니
오히려 몸과 마음이 조심스럽다

세상은 종심從心이 중심中心의 나이라고
위로를 하지만
세월이 그렇게 속단으로 될 일이던가

이마가 서늘해지는 때임에랴
훈훈한 말이 아니면 금방 섭섭해지고
몸도 따뜻한 곳이 아니면 피해진다

이제야 급하게 서두를 일 없겠지만
그렇다고 느긋해할 수만은 없다

그대들을 향해 마음 삼가하며
종일 책을 읽고 시를 쓴다

혀는 말을 이루는 성채입니다

세상에 먹을 것이 지천인데
무엇을 그리 급하게 저작하시느라
혀를 깨무셨나

제가 제 혀를 깨물다니
금언의 벌을 받으셨나

눈물 찔끔 나도록 아픈 형벌을
몸소 내리셨나

한시도 밖에 내밀지 못하던 혀를
곤충처럼 삐쭉거리기도 못하게 하던
혀를

이젠 좀 조용히 하시라,
결단을 내리듯
깨무셨나

쉿!
아픈 내 말씀이여

칼을 뺐으면 호박이라도 찔러라

온밤이 지새도록
끊임없이 울어대는 풀벌레 소리를
들어 보아라

시를 써도 저리 열심히 써야
절편이 나올 것이고

사랑을 해도 저리 끈질겨야
마음을 얻을 것이다

찌르르르
찌르르르,

해가 벌개질 때까지도
온 힘을 다 해
목청껏 우는 놈들도 있다

어떤 사랑의 은유법

어떤 이는 사랑해서 미안하다는 디
난 말여
미안해서 사랑하는 겨

팥죽처럼 보골보골 끓는 심장으로
화살을 쏘는디
자꾸만 빗맞는구먼

과녁이 보름달처럼 크고 밝다가도
다가가면 어느새 별똥별이 되어 스러지기도 하네

그러니께 사랑에 관한 종족들은
은유로 말하지 말라닝께 그러네

쯧쯧, 가슴 온통 저며 놓고는
또 눈물 바람 하겄네

가장 위험한 동물

야생 사진작가 로저 스티븐스 주니어가
독수리와 대결하는 다람쥐의 사진을 올렸네

오, 저러다 독수리에게 잡힐텐데, 의아해 보았더니
나무에 새끼들이 있는 둥지가 있네

독수리는 얼마나 황당했을까
무슨 이런 일이 있나,
얼마나 짜증이 났을까

나무를 붙잡고 있어야 하니
발톱은 쓰지도 못하고
무섭게 달려드는 어미 다람쥐에 그만 혼비백산하고
독수리는 이내 날아가고 말았네

네가 찍은 사진 중
가장 위험한 동물이 무엇이냐 묻는 질문에
어떤 이는 거울에 비친 제 모습을 말하지만
로저는, 그게 무엇이든
새끼가 있는 어미라 대답하네

오, 세상의 모든 용감한 어미여
위험한 승리자여

소문은 바람을 닮았다

바람은 제 길을 가면서
세력을 얻기도 하고
가는 길 위에서 세력을 잃기도 한다

소문도 바람과 같아서
진원지에선 참 미세한 것이었다가
가면서 눈덩이처럼 불어나기도 하고
언제냐는 듯 문득 소멸되기도 한다

생멸하는 동물처럼 늘 호시탐탐 새로이
일어날 기세로 잔뜩 엎드려 있기도 하여
누군가 건드리기만 하면
일파만파 기세를 부리기도 한다

누군가를 살리기도 하고 죽이기도 하는 소문은
근원을 알지 못하는 바람과 같아
그래서 대부분
어처구니 없게 마련이나니

소문도 바람처럼 스쳐지나게

내버려 두어라
부끄러움처럼 홀로
스러지게 두어라

길

지난 길을 따르는 것은
답습이라 하며 비판을 받고
새로운 길을 개척하는 것은
무모한 시도라고 비판 받는다고
어찌 제 자리만 고집하며 붙박혀 살 것인가

타인의 길도 내 길처럼 용납하고
내 길도 타인에게 스스럼없이 양도하여
내왕이 유연하면 되는 일

가끔 길을 잊어 곤고하면
별자리를 더듬어 길을 찾듯이
걸어온 길 더듬어 빌미를 구하면 되는 일

그러니 모두 자리를 털고 일어서 걷자
더불어 걸으면 세상이 환하고
혼자서 걸으면 마음이 명경해지리니

바라보면 천지가 길이다
내겐 당신이 길이고
당신에겐 내가 길이 될 수 있다

지네발란처럼

바위의 크기가 작고 만만하면
쉽게 걸터앉을 수가 있지만
너무 높거나 크면
그저 무연히 바라볼 수밖에 없지 않겠는가

내 사랑이 그러하니
크고 견고한 네 마음 앞에서
지금, 막막할 뿐이다

가끔은 그 그림자 밑에 앉아
바람에 팔랑거리는 풀꽃이라도 바라볼 수는 있겠다마는
비 한 방울 내리지 않는 날이 계속되어도
뿌리를 뻗고 꽃을 피우는 지네발란이
바위 위를 기어오르는 것을 보고서야
내가 너에게 가는 법을 배운다

귀도 눈도 다 감고
촉수 하나 뻗어내려고 안간힘을 쓴다

포정 해우庖丁 解牛

전국시대 양나라 혜왕에겐
소의 전체를 보지 않고
살의 결을 보아 소를 잡는 포정이 있었네

처음에야 소의 겉모습만 보였었지만
마음의 눈이 뜨이자
살과 뼈 사이의 속이 환히 보였듯이

이렇듯 혜안으로 나를 볼 수 없겠는가
내 삶의 전체를 보지 말고
내 생의 결을 보고 나를 헤아릴 순 없겠는가

기술적으로 산술적으로 분석하지 마시고
그저 웃음이나 침묵으로 이해하는
道를 이루시던지,

몸뚱이 하나 밖에 드릴 것 없는 소처럼
순한 눈망울이 되어서 당신들께 엎디나니
지나온 것들이나 다가올 것들이나 다 버리고
빈 몸으로 삼가 엎디나니

부디 눈 감으시고 결을 느끼시게
빛나는 칼을 들고,

솜씨는
당신의 몫일뿐이네

새대가리란 말은 없어져야 한다

물떼새 어미가 뙤약볕에서 놀던 새끼들에게
양 날개를 활짝 펼쳐 그늘을 만들어 주는
사진을 보았네

여우같은 포식자가 나타나면
둥지에 새끼를 남겨 놓고 멀리 떨어져
절뚝거리며 여우의 시선을 돌리는
물떼새 어미의 이야기를 읽었네

새만도 못한 어미 아비가
지천으로 양산되고 있는 세상에서
모든 아이들에게 부끄럽네

폭력과 무관심이
도처에서 횡행하고
가족이 무시로 해체되는 이 순간에도

물떼새 어미는
아침부터 깃털을 매만지느라 분주하네

하물며, 새 대가리라니

돌탑

어떤 사람에겐
돌이 무기가 되지만
어떤 사람에겐 기도가 된다

담장을 쌓던 돌이나
길바닥에 함부로 뒹구는 돌멩이나
그 어떤 돌도
마음에 따라 악마도 되고
하나님도 된다

어린 꼬마 하나가
돌멩이를 주워서 돌탑 위에 올리고는
까르르르, 박수를 치며 좋아 한다

기도가 온 세상을
밝고 환하게 한다

독설

푸나무도 스스로를 보호하기 위해
가시를 품거나
제 안 깊숙이 독을 품기도 하네

하물며, 내가
당신들로부터 나를 지키기 위해
이만한 말 한 마디쯤 간직한다
탓하시겠는가

혹자는 사랑이라 번역하고
혹자는 고독이라 오독하는
내 독설을 부디
용서하시게

돌아서서야 오히려
혀를 깨물며
나를 찌르네

제2부

내가 지은 집

당랑거철

제 분수를 모르는 게 또 이만한 게 없지만
어떤 벌레라도 두 팔로 단호히 목을 따는
그 혈기를 속으로 가두고
얌전히 암컷에게 온 몸을 먹히는
새끼 사랑

인문주의자의 열기

전기난로는 코드만 꼽으면
이내 뜨거워진다
나는 그런 사내 하나를 안다

코드만 꼽으면 금방
세상을 온통 뜨겁게 달구었다가
코드를 빼면 또 금방 식어버리는
그리곤 내내 정물처럼 앉아 있는
사내 하나를 안다

언제나 뜨거워질 자세로 흐트러지지 않은 채
당신을 간절히 기다리는
저 인문주의자

사유는 늘 일방적이거나 일률적이다
회전으로 맞추어 놓으면
이젠 제 주위의,
제 主義의 온갖 세상을 다 간섭한다

지렁이에게 보내는 편지

흙속의 부패한 것들을 먹어치우는 데는
자네만한 것 없네
거친 흙도 금세 부드럽게, 거름지게 하네

살점 뚝 떨어져 나가도
일시에 생을 포기하거나 원망하지 않고
다시 살을 돋아내는 그 정신은 또 어찌 부를까

남들처럼 위로 위로 나무를 타고 오르거나
부질없는 꿈으로 날기를 원하거나 하는
애초에 가당치도 않은 것들은 가슴에 두지도 않는구나

묵묵히 눈물 자국처럼 젖은 습지를 향해 걸어가는 길이
한생을 이루는 사업이었던가
오늘은 햇살 아래 온몸 드러낸 채
말라버린 그대의 형제를 만났네

무모한 걸음이었다고 누가 탓할지 모르나
조장하는 어느 부족처럼
몸을 기꺼이 내어주는 길 아니겠는가

이 세상이 너무 부패하고
가당치 않은 욕망이 하늘을 찌를 듯하여
오늘은 더욱 자네가 그립네

비가 좀 오래 오래 내리어
모처럼 출가한 자네들 모습 볼 수도 있으련만
세상은 벌써 석달 째 가뭄 중이네

욕심은 이렇듯
자연의 눈물조차 마르게 하는 것 아니겠는가

돈도 없지만

폐교를 하나 사서
풀도 뽑고
못도 박고

제법 페인트 칠이라도 해서
서재도 한 칸 들이고
집필실도 한 칸 들이면 좋겠는데

오신 손님을 위해 차려드릴 건
먼지 같은 햇살뿐이더라도
곱게 꾸미고 싶은데

웬수같이,
남은 나이가
턱 없이 부족하네

영혼의 무게 21g

미국 과학자들이 측정했다는
영혼의 무게는
내 속옷의 무게 만큼이다

측정의 방법이야 알 수 없어도
속옷까지 벗으면 완전 맨 몸만 남는 것이
영혼이 떠나면 남는 몸과 같다

그 작은 무게 때문에 내가 살아 있으니
영혼을 꼭 붙들고 오늘은 또
어느 별로 갈까

괜히 주먹을 쥐었다 폈다 하며
공기를 붙잡는다

간단한 질문들

지난 봄에는 나비를 본 적이 있었던가
벌들을 본 적이 있었던가
그만큼 내 바깥출입을 자제하고
방 안 깊숙이 틀어박혀만 있었던가
그때의 일들을 기억하지 못할 정도로 기억력이 쇠퇴했는가
나비가, 벌이 활동을 하지 않았던 건 아닌가
추운 겨울을 이겨내지 못해 깨어나지 못한 건 아닌가
생태계의 교란으로 그 종이 사라질 위기에 있는가
환경의 파괴로 그들의 터전이 사라진 때문인가
꽃들은 벌과 나비를 찾지 않으신가
하염없이 기다리기는 하시는가
혹시 꽃들이 기다림에 지쳐 다 져버린 것은 아닌가
꽃들도 꽃 피우기를, 수정되기를 애초부터
다시 시작해야하지 않는가
충매화들도 서서히 풍매화가 되거나
자가수정으로 방식을 바꾸어야 하지 않는가
해외여행이라도, 참여프로그램이라도 따라 나서야
그들을 만날 수 있는가
마침내 교과서나 박물관에 가서야 그들의 모습을 보게

되는가
아, 꽃이 없어도 벌나비가 없어도 봄은 봄인가
봄은 오고 가는가

내 안의 청년이여, 고마워라

나이 드는 것은 젊음을 버리는 것이 아니라
제 안에 감추는 것이네
조금씩 조금씩
아무도 보지 못하는 곳에 감추어 두는 것이네

그러나 젊음은 약동하는 것
잘 갈무리해두었어도
갑자기 나타나 나를 놀라게 하기도 하고
다른 이들이 내 안에 숨어 있던
젊음을 눈치 채고 감격하기도 하네

꼭 어느 일정한 때나 어느 시절이 아니라
더 어릴 때도 있고
좀 의젓해진 나이일 때도 있고

거울 속의 나를 보면
젊음은 재빨리 깊은 곳으로 숨어버리고
낯선 노인이 나를 바라보네

하지만, 언제라도 다시 나타날 그 젊음 때문에

오늘도 새롭게, 힘차게
다시 시작하네

그의 이름은 희망인지 모르겠네

입이 하는 말

빗물을 3.5리터 정도 가둘 수 있다는
키나발루에서 피는 통 큰 식충화
네펜데스를 닮았습니다

제 몸보다 더 길고 질푸른 집게발을 가진 새우
우당갈라를 닮았습니다

아무 것이나 잡아먹기 좋게 통 큰 입을 벌리고
무엇이든 쉽게 잡아채게
길다란 집게발을 벌리고

호시탐탐,
당신들을 노리고 있습니다

아무리 경계해도,
말씀을 삼가하셔도
참 큰일입니다.

말은 몸을 규제하고
몸은 정신을 정형합니다

단호하게 입을 막고 서서는
보세요.
나는 온몸이 입입니다

이 세상을 좀 울어야겠다

놀랍다
내가 아직 슬퍼할 수 있다는 것이

마음은 건조하여
버석거리는 양피지 같은데
어느새 이슬이 고이듯 습습해지며
눈물이 올라오는 것은
내게 기적 같은 일이어서

함부로 흘려버리지 않고
함부로 닦아내지 않고
내 슬픔에 대해 경의를 표해야겠다

내가 혹
눈물이 그렁그렁 하더라도
무슨 일인가 궁금하여 묻지 마시고

쉿!
지금은 삼가 슬픔 중이오니
말없이 돌아서시기 바란다

이 메마른 세상을 향해
슬퍼할 수 있다니
참 기특도 하시겠다

그믐달

힘들기도 하겠다
잠시 눈 감고 쉬고 싶기도 하겠다

시렁시렁,
눈썹 하얀 노인 몇이 남아서
하는 모임인데

진가 놈이 이젠
그만 두겠다 한다

오래 버티긴 했다
모두다

기도하는 손

서로 손을 마주 잡는 것은
따뜻한 온기만 주는 것이 아니라
마음까지 주는 것이다

두 손을 마주 잡으면
하나님도 바라보시는 기도가 된다

그러니 손을 감추지 말고
미적미적 미루지 말고
기꺼이 꺼내어 마주 잡아라

꽃들도 서로 손을 마주 잡고
까르르 웃으며 향기롭게 피어난다

공간 속의 새
- 손철주의 "그림은 아는 만큼 보인다"

콘스탄틴 브란쿠시는
물고기를 그리지 않고
매끄러운 유영을 그린다 하네

한 편의 드라마도
순간으로 응집시켜버리는
놀라운 간소화

시인들의 시는 점점 길어지는데
한마디로 축약하지 못하고
중언부언하는데

가깝게 다가서지 못하고
참뜻을 찾아내지 못하고
변방의 것들부터 구구절절 써내는
그대들이여

과감히 잘라내라
군살을 빼라

깊숙이 숨어 있는 사물의 본질을
생명의 원형을 써내라

오,
단 한마디의 의미로

눈물 없는 세대

마른하늘에 날벼락이라거나,

마른장마라거나,

으레 있어야 할

눈물이 없다는 것

파산한 연애처럼

주루루룩

흘러내려야 할

염치가 없다는 것

눈물이 흐르던 자리마다

한숨만

센 바람으로 몰아친다는 것

아아, 그대 이후로 내내

소리만 남고

자취가 없다는 것

나니까, 그래도

왜 나만 이렇게 사는가가 아니라
나니까, 그래도 이만큼 산다고 말해야겠다

이런 일이 왜 꼭 내게만 일어나는가가 아니라
나니까, 이런 일도 이렇게 이겨낸다고 말해야겠다

나를 감동시키거나 절망시키는 것들도
줄기차게 나를 따라다니는 숙명이란 녀석 때문이 아니겠는가

새들도, 꽃들도 모두 다 처한 세상에 불평하지 않고
제 숙명에 순응하며 살아가는 것이려니

파도가 내게만 밀려오겠는가
폭풍이 내게만 불어오겠는가

나니까, 노래라도 부른다
눈물도 반쯤, 웃음도 반쯤

어르신

너무 느리다고
재촉하지 말아라

강물도 하구쯤에 가선
발길이 더딘 것을,

잘 알아듣지 못해도
속 터지게 답답해도

이젠 다 왔다
마음조차 놓으신다

노년의 사랑

누구나 어딘가에
크고 작은 상흔 하나쯤을 가지고 있는 것처럼
묵은 질병 하나씩을 품에 끼고 사는
나이가 되었다

욕심이 많아서
더러는 그 놈의 질병과 열애라도 하는 듯
조금씩 연민을 갖는다

보라,
삶이나 죽음이 나를 모두 해탈한 듯
껄껄껄 웃으면서도 돌아 앉아 껄꾹껄꾹
허무를 삼키는 나이가 아닌가

미움과 사랑은 벽지 한 장 차이라 하던 것,
오늘도 묵은 병을 움켜쥐고 간절하다

언제나 까마득하게만 보이던 곳에 이르러서야
마음을 추스리는 법

하고 많은 이들 중에 못명한 나를 찾아 주셨는가
놓아도 놓아지지 않는 꿈속의 질긴 연줄처럼
어처구니 없이도 깊은
내 연애

하루살이꽃

날벌레 하루살이처럼
하루가 일생인 꽃들도 있습니다

암술 수술 곱게 단장하고
비릿한 향기도 뿜어내며
정오쯤엔 참 당당하기도 하던 것들이
회임의 임무야 가당키나 했을까만
시간을 엄숙히 마감하고
보세요, 저녁답이면
온몸 닫고 내려 설 기세입니다

하루가 그 꽃에겐 얼마나 절실했을지
간당간당한 그 목숨이,
경각의 순간들이
얼마나 간절했을지
누군가를 그리워 해본 이는 알 것입니다

한 모금,
사랑이나 눈물이나
삼켜 본 이는 알 것입니다

꽃 진 자리가 문득 환해지는
밤,
달빛이 호올로 울고 계시네요
여린 빛이 뚝뚝 집니다

독을 품은 결기

그 순한 감자가
보관만 잘 하면 겨울을 넘어
봄까지도 만만한 반찬거리나 요깃거리가
되어주는 감자가

오, 조심하여야 하느니
싹이 돋으면 그 눈에 독을 품는다

푸르게 일어서는 산처럼
시퍼렇게 독이 오른 것들을 보라

제 아이를 위해서라면 목숨까지도 버리는 어미처럼
새로운 생명,
싹을 돋우어내려는 그 결기에
그만한 마음 품지 않겠는가

새로운 시작은 결코 만만치 않다는 것을
이빨 악물고 결연히 일어나야 한다는 것을
이미 감자는 알고 있었느니

오늘은 감자가 선생이다

모딜리아니의 "잔느의 초상"

일몰녘에는
그림자가 길어진다

뒷산도 느티나무도
긴 그림자를 끌고 온다

길어지는 건 간절하기도 하고
조금쯤 그리웁거나
슬프기도 하다

사색에 잠긴 채 그윽한 미소를 짓는
잔느의 목이 길어진 것도
지극한 간절함 때문이려니

영혼을 표현할 수 있을 때
비로소 눈동자를 그려 넣겠다는
남편 모딜리아니의 죽음을 뒤 따른다

잔느의 긴 얼굴이,
긴 목이,
뚜욱 떨어지는 눈물 같다

소금밭

나는 염수처럼 한없이 풀어졌다가
그대 가슴에 갇혀
오뉴월 뙤약볕에
하얗게 소금으로 일어섰으면 좋겠다

단맛, 신맛 다 버리고
짜디짠 그 맛 하나로
꽝꽝하게 결정되었으면 좋겠다

더러는 녹아 눈물이 되더라도
사그락 사그락
상처마다 깊은 아픔이 되더라도
오늘은 그대로 그대의 가슴에 갇히어
하얗게 일어서고 싶다

세상에 눈물 아닌 것 있는가

꽃소금은 아니라도
느릿느릿 결정되더라도
다지고 다진 토판 위에서
한 줌 빛나는 소금이 되었으면 좋겠다

시는 매주다

형벌처럼 묶이고 매달려서
꽝꽝하게 마른 일평생

서늘한 바람과 아련한 달빛 모아
살 터진 주름마다 저승꽃이
환하구나

삐딱한 세월 힘입어
스스로 낡아지는 것이 아니라
하루 하루 깊이 늙어가는 것이니

은은한 달빛 항아리에
상상력의 샘물을 가득 채우고
이제 온 몸으로 잠기시라

죽음보다 더 깊은 침잠의 날들 보내고
마침내 이루어질
참, 오래고 깊은
맛

지두화 · 2

손가락은 보지 말고
달을 보라고 해도
달 대신 손가락만 보입니다

손톱에 뜨는 초승달이 보이고
온갖 삶의 인증 같은
작은 지문들만 보입니다

여유가 아닌
각박한 삶의 자취뿐이라고 지적을 하셔도
소망이 아닌 실질과 명목을 본 것 뿐이라고
손가락질을 하셔도
어쩔 수 없는, 그 것이 나의 맹점입니다

눈을 비비고 다시 바라보면
바람의 발자국 소리가 보입니다
복사뼈까지 땅에 묻힌 채
바람을 뒤따라가는 청보리 밭의 무모가
보입니다

마디마디 손가락을 접고
황급히 일어서는 건 허공의 일입니다
달은 아직 환하고
지는 건 애꿎은 마음일 뿐입니다

내가 지은 집

고목은 쓰러져 벌레의 집이 되고
배는 침몰하여
고기의 집이 된다

사람들만 집 때문에
눈물로 한 세월을 보내고
집 때문에 목숨을 담보한다

화덕딱새는 땅에 둥지를 틀고
흰머리수리새는 까마득히 높은 곳에 둥지를 튼다지만
둥지를 틀지 않는 바다오리도 있다

무슨 영화를 맛보겠다고
무슨 평안을 취하겠다고
나를 다 내어주어
집 한 채를 이루려 하는가

사람만이 제가 지은 아집에 갇혀
꼼짝하지 못한다

누님, 소원컨대

이제 우리 모두 가락을 잃고
무미건조한 산문으로
살아가는 것이지만

향기로운 꽃을 보아도,
마약처럼 어지러운 사랑을 만나도
도처의 세상의 무미건조한 일 만큼도
못한 것이지만

우리가 가야할 땅은 아직 멀었으니
거센 바람 불어와
저 숲이 무너진들 어찌하겠습니까
펑펑 함박눈이 쏟아져
이 세상을 모두 지운들 어찌하겠습니가

섬섬옥수 그 여린 손으로 켜던
내 가슴의 운율을
누님, 소원컨데
이제 반 소절 이나마 다시 기억케 하소서

비로소 빛이 되고 색이 되어

터너는
폭풍우를 제대로 그리고자
배의 갑판 기둥에 몸을 묶은 채
성난 바다를 관찰했다하네

피상의 것만 보고 색칠하는
허상이 아니라
사물과 풍경의 속마음까지라도
꿰뚫어 보려는 것이네

사물이나 풍경이
비로소 빛이 되고 색이 되어 가슴으로 넘치면
서둘러 물감을 풀었으리니

안개나 비 속의 바람까지라도
눈보라 속,
한 치 앞도 안 보이는
그대들의 세상까지라도
마침내 그림으로 그려내었으리니

본질은 파악하지도 못한 채
너무 가볍게 시를 쓰는 건 아닌지
시 속에 허상이나 그리고 있는 건 아닌지
자책을 하는 것이네

세파에 너무 쉽게 길들여진 나를
내 곁에 단단히 묶네

곡도

"곡두"란 시집을 받았다
사전을 찾아보니
사막에서 만난 신기루처럼
실제로는 눈앞에 없는 사람이나 물건이
마치 있는 것처럼 보이다 사라져버리는 현상
이라고 나왔다

그런데 나는 곡두를 곡도로 읽고
허허, 시집 이름이 "항문"이라니
아니 똥구멍이라니
대단하다 대단해
과감한 여성 시인의 제목을 껄껄 웃었더니
"곡두"가
낄낄거리며 나를 비웃는다

나이를 먹으니
지나온 삶이나 세상이 온통 신기루이고
나이를 먹으니
신기루조차도 모두 똥구멍으로 보인다

세상이 모두 곡도로 보인다

제3부

사랑이나 희망의 다른 이름

쉽게 쓰는 시가 부끄러워

장자의 "달생편"에 나오는 뛰어난 목공 "재경"은
나무를 찾아 깎기 전에
마음을 차분히 갈아앉히고 한 사흘 기를 모았으니
그제야 비로소
남들이 칭찬하는 말에 현혹되지 않는다 하네

닷새가 지나면
형편없다고 헐뜯고 욕하는 소리에도 무감해지고
이레가 되는 날은
제 손발이나 모습까지 깡그리 잊혀지는데
바로 이때 나무를 찾는다 하네

다른 이의 작은 칭찬에는 기가 살아 하늘 높은 줄 모르고
다른 이의 헐뜯는 소리에는
세상이 끝나는 듯 악 바치던 날들이여

재경이 손도 발도 다 잊고
제 모습조차 다 잊고
나무의 마음과 서로 통해서야
나무를 찾아 깎았다하는 걸 들으며

세상만사 간섭하느라
너무 쉽게 써버리는 내 시가 부끄러워
오래 오래 마음과 통하지 못한
내 시가 너무 부끄러워
오호이, 오호이

조금 우네

퀘렌시아

투우에 지친 소가
잠시 쉬면서
안정을 얻는다는 퀘렌시아가

내게는 한때 술이었다가
사랑이었다가
지금은 시가 되었지만

너는 어떻게
세상의 위험으로부터 스스로를 지키는가
어디에서 스스로를 위로 받는가

어떤 곤충들은 나뭇잎 뒤에
제 안식처를 둔다
마침내 날아가기 위한 휴식이다

서른세 개의 등뼈

나무처럼
꽃처럼
뼈 하나로 서지 못하고

수십 개의 마디가 이어져
겨우,
한생을 세우네

무슨
거드름을 피우시겠는가

부처나비

나비 두 마리가
꼼짝하지 않고
마주 보고 앉았네

맞수끼리 앉아
초읽기 바둑을 두는 듯
벌써 몇 시간째 그러고 있네

사랑은 전광석화처럼 오는 것
그러나 사랑은 천천히 천천히 다가서야
오래 가는 것
저들은 이미 꿰뚫어 아는 것 같네

목숨처럼 간절한 저들의 사랑 앞에
천방지축 날뛰기나 하는 세속의 눈을
삼가 감아야 하리니

햇살이 호올로 눈부시네

살 부러진 우산이라도 되어주랴

억수로 비가 쏟아진다

강아지도 마루 밑으로 숨고
청개구리도 잎새 뒤로
납작 엎드렸다

갈 길은 멀고
마음은 급하겠다만
손우산으론 턱도 없다

폭우 같은 세상
내가 살 부러진 우산이라도
되어주랴?

사랑이나 희망의 다른 이름

바람이 어떻게 생겼는지
본 사람 없네

담장 곁에 서 있다가
은밀하게 걸어온다고도 하고
느티나무 잎에 숨어 웅크리고 있다가
쏴아, 비처럼 날아내린다고도 하고
화난 아버지 목소리처럼
일시에 쏟아져 나온다고도 하네

데굴데굴 굴렁쇠처럼 굴러오기도 하고
쥐불놀이로 빙글빙글 돌아오기도 하고
온 산을 태우고 넘어오는 산불처럼
활활거리며 온다고도 하네

울렁울렁거리며 두근두근거리며
언제부터 들어와 아직도 출구를 찾지 못하는
이 두더지 같은 바람을 아무도 보지는 못했네

나를, 내 일생을
들썩들썩 들었다 놓았다 하네

우리 사이

사이란 말은 얼마나 좋은가

틈새란 뜻도 되고
너와 나를 잇는 이음줄도 되고
사이시옷처럼
서로 업어주는 은근한 뜻도 되네

우리 사이에 사이가 없다면
눈물도 없겠고,
메아리가 되어 들려오는
그리움도 생기지 않으리

너무 멀지도 않고
너무 가깝지도 않는 적당한 거리

사이란 얼마나 좋은가

그대여,
마침내 나와 사이를 두고
우리가 되는 존재여

아버지와 아들의 대화

아빠,
기러기들은 왜 저리 한없이 날아가?

저렇게 날아가기만 하면
밥은 언제 먹어?

아빠, 기러기들은 잠은 언제 자?

아버지와 아들이 기러기 날아가는 쪽을 바라보며 서서
참 심각한 대화를 하고 있다

아들은 몇 개나 더 많은 질문이 있지만
아버지의 얼굴을 보더니 이내 입을 다문다

그렇게 알고 싶은 게 많으면
지고 갈 짐이 많은 것처럼
먼 길 못 간다
어서 가자

아들은 일어서서
묵묵히 아버지의 뒤를 따른다

집게벌레의 사랑

집게벌레 어미가
한 겨울에 부화된 새끼들의 먹이로 제 몸을 내놓습니다

겨우내 땅 속에서 이리저리 굴리며 침 발라놓은 알에서
꼬무락꼬무락거리며 기어 나온 새끼들이
젖을 먹듯 어미의 몸을 조금씩조금씩 먹어가며 자랍니다

이제 형해나 겨우 남은 어미를 두고
새끼들은 눈 녹은 땅을 뚫고 밖으로 나갈 것입니다만

내 어머니와
어머니의 어머니의 어머니들이
목이 맵니다

그런 내 곁에서
아내는 무작정 제 살을 조금씩 뜯어
아이들에게 먹이고 있습니다

칠순에 부치는 시

아흔 그 어르신은
칠십이란 한참 좋을 때라며
마치 꽃이라도 필 수 있다는 듯
말씀 하시지만

언감생심, 꽃이라니요
돌아보면 사무친 세월이
사나흘 밤낮 같습니다

몸도 마음도 삼가야겠지요
더러 흠 잡히어도
용서해 주세요

입은 다물고 호주머니는 열라시더니

70이라니,
놀랍습니다
꼭 남의 나이 같습니다

참숯

보다 잘 사는 방법을 익히기 위해서는
보다 잘 죽는 연습을 해야할까요

아무에게도 피해를 주지 않고
바람처럼 쓰러지는 법,

죽고 나서도 허명으로 세상을 현혹시키지 않고
잊혀지는 이름으로 만족하는 법

세상의 욕심을 성자처럼
다 버릴 순 없다하여도

새로운 불씨를 삼기 위하여
나무를 태워 숯을 만드는 이치를 배웁니다

무심결

세상에 존재하는 것은 모두 결이 있습니다
결을 따르지 못하면
도처에 저항이 생깁니다

道를 이룬 백정이 소 한 마리를 해체할 때
한 치 빈틈이 없는 것은
한결같이
결을 따라 칼을 움직이는 때문입니다

나를 눕히고
결을 따라 칼을 들이 밀면
나는 흔적도 없어지고
결과 결 사이에
몇 마디 증언만 남을 것입니다

무심결에 일어난 일입니다

숟가락이 하는 이야기

우리는 이제껏 사람들의 배를 채우기 위해
노력해왔지만
우리들의 배를 채운 적은 없습니다

우리의 노력으로 사람들은
고루 영양분을 섭취하여
일상의 건강과 평안을 얻었습니만
우린 단 한 번도 대가를 바란 적이 없습니다

이제 와서
금수저니, 흙수저니, 무수저니
우리를 폄하하거나 나누거나
우리의 정체성을 난삽하게 합니다

부디, 부탁드리건데
우리를 놓으면 당신들은 끝입니다
장난감처럼, 장신구처럼
더 이상의 관계는 사양합니다

우리의 등급을 매기지 마시고
굳게 붙드소서 옥체 보존하소서

분노라는 이름

꾀꼬리나 뻐꾸기처럼
제 이름을 부르며 일생을 살아가는 새들이 있다
그들이 제 이름을 부르며 기도하고
제 이름을 부르며 사랑을 하고
제 이름을 부르며 울거나 노래를 부른다 치자

제가 부르는 그 것으로 이름을 삼는다면
날마다 제 주장만 하는 이들이나
거짓과 논쟁과 탐욕을 고하는 이들이나
저 무수한 손가락 논객들의 이름을 고쳐 불러야 한다

그것이 절망이든 희망이든
그것이 사랑이든 증오이든
모두가 평화를 위장한 전쟁 아닌가

날마다 분노하며 투쟁하며 우우 일어서는
저들의 이름을 분노라 부르겠다
분노라 지명하겠다

이유 없는 반항과 이유 없는 미움과

이유 모를 항변들을 따라다닐
저 벌떼 같은 분노들이
온 나라를 덮고 있다

구약시대의 메뚜기처럼

새 소리나 한번 들어보라 이 말이여

새들도 사람이나 진배 없다는 거여

깜깜해지면 지집 옆구리 파고 들어
깊은 잠에 빠지는 거 하며
어서 일어나라고 해도
해가 중천에 떠오르기 전엔 부시럭부시럭 거리며
뒤척뒤척 거리며 게으름을 피우다가
속 뒤집는 소리 듣고서야
에헴에헴, 헛기침을 하고 겨우 일어나서는
우선 얼굴 매만지듯 깃털부터 고르고는
비로소 제 바깥을 내다보는 거여

오, 저런
푸드득 날개 소리도 없이
잽싸게 날아가는 것은 식구들 멕여 살릴라고
온 몸 닳아지게 일하는 것이겠지만

새들도 사람이나 진배 없다는 거여
물어보나마나 겨울이 가면 봄이 오고
또 알을 까고 새끼를 치고

그렇게 이마에 주름살만 늘어나는 거여

듣기나 하는 거여?
내 얘기 말고,
저 시끄러운 새 소리를 말여

슬픔의 주저흔

어떤 슬픔은
차마 발설할 수 없어
속으로 삼킨다

얼마나 안타까운지
슬픔이 눈자위에 머물다
스러지기도 한다

차마 내려치지 못하고
미적거리는
주저흔이 남은 자해처럼

눈물대신 남은 발적은
미적미적,
그들이 머문 흔적이다

그런 엄살이 어디 있는가

누구는 서른에 잔치가 끝났다 하고
누구는 쉰 나이를
화려한 뷔페 상에 가장 손이 안가는 콩떡이라 하지만

나는 서른 나이도 되어 보았고
쉰 나이도 되어 보았다

언감생심, 70이 되니
귀신도 모올래 돌아서 가고
그림자도 제가 먼저 납작 엎드린다

세상 온갖 쓸쓸한 생각들만
배경처럼 바짝 붙어 떠날 줄을 모르지만
그 연수가 어떠하던지

모른 척 하는 게 상수다

우화등선

나비가 잠깐
꽃 위에 앉았다 가는 것도
나비의 일생으로 보면 기인 순간이겠다

무슨 고뇌며
참선 따위를
논할 것 있겠는가

우리네 삶도
나비 날갯짓 한 번과 같으리니

어떤 나비는 날개를 접고
물끄러미 세상을 바라보며 명상에 들기도 하고

꽃 아닌 곳에도 턱,
걸터앉기도 한다

앉은 그대로
숨진 나비도 있다

좀 떫거나 시면 또 어떻습니까

보기에 좋아야 맛도 좋다는
세속 말이 있긴 하지만

보기 보다는
맛이 더 좋은 것이 있고

맛 보다는
향기가 더 좋은 것이 있습니다

좀 떫거나 시면 또
어떻습니까

그래야만 몸에 더 좋은 것이
있습니다

싱그러운 것이 좋지만
묵혀야 진가를 발휘하는 것도 있나니

내가 어떻게 관계하든지
부디, 잘
드십시오

우애의 길

꽃은 색을 버리며
지고

잎은 비로소 색을 얻으며
진다

잎과 꽃이
한 가지에서 나왔지만

색계에 들고 나는 길이
다르다

동기간에도 마음 씀이
다 같지 못한 것도,

세상만사가
저 꽃과 잎의 일이나 마찬가지다

거리낄 것 없으면

얼굴을 가린다고
수치를 가릴 수 없듯이
마음을 가린다고
양심을 지울 순 없다

무엇으로도 제 몸피 가리지 않은
나비 한 마리가
이 꽃, 저 꽃 자유롭게 날아다니고 있다

거리낄 것 없으니
몸도 영혼처럼 가벼울 것이다

비우고 버리기 어려워도
더욱 가벼워지고 싶은 마음이야 없겠는가만
꿈이나 욕망은 왜
끝이 없을까

때론 이름도 목숨처럼
무겁다

요익 Joik

라플란드의 사미족은
가사가 없는 노래를 부른다네

아무런 말 한 마디 없이
마음을 전하고
그 마음 안에 생각을 전하는
노래,

그런 시를 쓰고 싶네

흥얼흥얼,
입 안에 고인 내 마음을
그대에게 들려주고 싶네

사유의 깊이와 실존의 깊이

- 김영천 시집 『아직도 사람을 믿는다』

강 경 호
(시인, 한국문인협회 평론분과 회장)

1.

"인간은 생각하는 갈대"라는 파스칼의 명제는 오직 인간에게만 적용된다. 여기에서 '생각'은 또 다른 말로 '사유思惟'라고 해야 할 것이다. 시詩는 사유의 결과물로 시인의 상상력에 의해 문학적으로 형상화된 장르이다. 시인마다의 다양한 사유에 의해 자신만의 개성적인 목소리를 내며 세계와 소통한다.

남도의 김영천 시인은 오래 다져진 튼실한 시의 근력으로 한국시단에 활기를 불어 넣어왔다. 이번 시집 『아직도 사람을 믿는다』에서 그의 시적 사유를 짐작하게 하는 이른바 메타시 성격의 작품들이 많이 눈에 띤다. "본질을 파악하지 못한 채/너무 가볍게 시를 쓰는 건 아닌지"(「비로소 빛이 되고 색이 되어」)라고 자성한다. 사물의 겉만 바라보며 본질을 보지 못하는 것은 아닌가 하는 생각을 통해 보다 내밀한 사유를 강조하고 있다. 시에 대한 이러한 인식

태도를 "너무 쉽게 써버리는 내 시가 부끄"럽다(「쉽게 쓰는 시가 부끄러워」)고 한다. 그런 까닭에 "아무런 말 한마디 없이/마음을 전하고/그 마음 안에 생각을 전하는/노래."(「요익Joik」) 같은 시를 쓰고자 한다. 요익Joik은 북유럽 사미인들의 전통가요로 가사가 없는 것이 특징이다. 주지하다시피 언어는 의미를 담아내는 그릇이다. 그럼에도 사미족은 가락을 통해 메시지를 전한다. 이러한 소통방식은 가장 원시적인 언어체계이면서 더불어 고등한 언어형식이기도 하다. 언어 이전의 때묻지 않은 순수한 언어로 시를 쓰고 싶다는 시인의 생각을 엿볼 수 있는 대목이다.

이밖에 김영천 시인의 시에 대한 생각을 알아볼 수 있는 시에서 "내가 세상을 얼마나 용서하는가에 따라/시인이 되었다가/무지랭이가 되었다가 한다"(「코이」), "죽고 나서도 허명으로 세상을 현혹시키지 않고/잊혀지는 이름으로 만족하는 법"(「참숯」), "죽음보다 더 깊은 침잠의 날들을 보내고/마침내 이루어지길/참, 오래고 깊은/맛"(「시는 메주다」) "투우에 지친 소가/잠시 쉬면서/안정을 얻는다는 퀘렌시아"(「퀘렌시아」)에서 보듯 인간의 삶에 대한 본질적인 질문에 초점이 맞춰져 있다.

이러한 시에 대한 관점으로 쓴 『아직도 사람을 믿는다』는 실존방식에 대한 질문과 대답, 그리고 노년에 이른 시인의 깨달음의 메시지와 생명성 탐구에 천착하고 있다. '어떻게 살 것인가?'라는 명제와 존재의 근원이 생명성임을 깊이 사유하고 있는 것이 이번 시집이다.

2.

서정시의 가장 큰 핵심은 인간의 삶에 대한 살핌이다. 그리고 살핌의 과정에서 시인 자신의 삶과 우리 사회의 현실을 구체적으로 드러낸다. 삶을 성찰하고 통찰할 경우 보다 나은 삶을 지향하고자 할 것이며, 현실사회를 들여다볼 경우 모순과 결핍을 극복하고자 하는 의지를 나타낸다.

김영천 시인의 경우, 자신의 삶을 바탕으로 인간다움을 지향한다. 때로는 자신은 물론 우리 사회의 그늘을 함께 투시하며 궁극적으로는 정신적으로 건강한 개인과 사회를 향해 나가고자 한다.

수상 경력이나
업적 같은 것을 쓰지 않고
좋아하는 꽃 이름이나
새 이름을 적게 하는 이력서가 있으면 좋겠네

무슨 모임에서 일했는지
어떤 자리에 앉았었는지 이런 것 쓰지 않고
키우던 강아지는 이름이 뭐였는가
산은 어떤 산을 가보았는가
이런 것을 묻는 이력서가 있으면 좋겠네

혹시 별자리 이름 아는 것 있으면 써보라든지
꿈을 꾸던 도시의 이름은 무언지
생각해보라든지

학력이나 학위 같은 것 대신
저서의 목록 대신
이런 것들을 물어보는 곳은 없을까

이력서 뒷장에
자기 소개서를 쓰되
첫 사랑에 대해 생각나는 대로 써 보라든지
좋아하는 시가 있으면 한 편 적어 보라든지
어디 이런 이력서 내라는 곳은 없을까

내 삶 다 정리하고
다시 이력서 한 장 써보고 싶네

－「이런 이력서가 좋겠네」 전문

이 작품은 시인을 포함한 많은 사람들이 어떤 사람이 되어야 하는지를 소망한다. 흔히 자신을 소개하는 방식으로 명함이나 이력서가 있다. 문학인의 경우 저서에 자신을 드러내기 위해 온갖 것들을 기록하는 경우를 종종 볼 수 있다. 이것은 결핍과 열등의식을 감추고자 하는 의도가 대부분이다. 그리고 흔히 이력서의 형식에서는 그 사람의 능력을 가늠할 수 있는 내용들을 요구한다. 이 작품은 이러한 사회적 관행에 대한 비판의식이 투사되어 있다. "수상 경력이나/업적" "무슨 모임에서 일했는지/어떤 자리에 앉았었는지" "학력이나 학위" "저서나 목록"은 지식과 기능중심적인 자본주의의 폐해를 유발시킬 수 있다. 그러므로 시적 화자는 인간과 자연의 상생, 참다운 인간의 모습을 보여주는 인문주의에 충실한 인간상人間像을 그리워한다.

"좋아하는 꽃 이름" "새 이름" "강아지의 이름" "별자리 이름"은 자연친화적인 시적 화자의 면모를 말해준다. 그리고 "첫 사랑에 대해 생각나는 대로" 쓰기, "좋아하는 시" 쓰기 "꿈을 꾸던 도시의 이름"이 어떤 것인지를 생각하는 것은 아름다운 삶을 살고자 하는 의지가 배어 있다. 이력서에 기능적이고 서열을 매기지 않는 원초적 본성을 지닌 인간의 모습을 담아냄으로서 때묻지 않은, 그래서 어떻게 살아야 하는지를 말하고 있다. 그런 까닭에 시적 화자는 "내 삶 다 정리하고/다시 이력서 한 장 써보고 싶네"라고 말할 수 있는 것이다. 이전까지는 시적 화자도 세속적인 삶의 방식으로 이력서를 써 왔음을 암시하고, "다시" 그가 바라는 새 이력서를 쓰겠다고 성찰의 태도를 보이는 것이다. 이 작품은 김영천 시인의 이번 시집이 지향하는 세계를 상징적으로 나타낸다.

살펴보았듯 「이런 이력서가 좋겠네」에서 본질적으로 추구해야 할 인간상을 형상화하였다. 다음의 「아직도 사람을 믿는다」 또한 인간이 만들어 놓은 거창한 형식에 얽매이지 않고 내면에 침잠한, 그러나 인간의 아름다운 본성을 드러내는 삶을 지향하고 있다.

> 세상 사람들이 모두
> 태극기를 들고 고함을 지르고

촛불을 켜고 목청을 높일 때에도

장미꽃 한 다발을 사들고
아내의 생일을 축하하기 위해
신나게 걸어가는 가장이 있다는 것

세상 사람들이 온통
아이돌의 노래 소리에 흥분을 하고
축구 응원하느라 밤새 고함을 지를 때도

작은 화분 하나 사들고
남편의 승진을 축하하기 위해
콧노래를 부르며 집으로 돌아가는 엄마가 있다는 것

아파트가 어쩌고 재건축이 어쩌고
세상 사람들이 모두 시퍼렇게 돈독이 올라도
종부세가 어떻고 보유세가 어떻고
온 나라가 세금 잔치로 왁자지껄 할 때도

아스팔트 틈새기 그 지난한 곳에서
풀꽃 한 송이 피어나는 것을
휴대폰 꺼내 사진을 찍는 어린 학생이 있다는 것

아, 그래서 하늘엔 별이 빛나고
사람들은 더욱 아름답다는 것

-「아직도 사람을 믿는다」 전문

시적 화자의 목소리가 크지 않지만 내면에 깃든 소박하면서도 작지 않은 인간을 향한 깊은 사유가 깃들어 있다. 이 작품에서도 사회적 현상에 몰두하는 것보다는 따스한 인간애를 발현한다. "세상 사람들이 모두/태극기를 들고 고함을 지르고/촛불을 켜고 목청을 높"인다. 나라가 분열되어 혼란을 겪고 있는 오늘, 우리의 모습에 절망을 한다. 더불어 "세상 사람들이 온통/아이돌의 노래 소리에 흥분을 하고/축구 응원하느라 밤새 고함을 지"르기도 한다. 세속적 즐거움에 빠져 있음을 지적하는 대목이다. 특히 "아파트가 어쩌고 재건축이 어쩌고/세상 사람들이 모두 시퍼렇게 돈독이 올라"있다. 뿐만 아니라 "종부세가 어떻고 보유세가 어떻고/온 나라가 세금 잔치로 왁자지껄"하고 있음에 시적 화자는 자본의 논리로 작동하는 현실에 대해 참다운 인간의 길이 무엇인지를 탐색하고 있다. 즉 "장미꽃 한 다발을 사들고/아내의 생일을 축하하기 위해/신나게 걸어가는 가장" "작은 화분 하나 사들고/남편의 승진을 축하하기 위해/콧노래를 부르며 집으로 돌아가는 엄마"는 남편과 아내가 서로를 위하는 뜨거운 마음이 깃들어 있다. 휴머니즘을 바탕으로 상상력을 펼치고 있는 이 작품은 여기에 머물지 않고 인간중심적인 근대를 넘어 탈근대를 모색하고 있다. 즉 "아스팔트 틈새기 그 지난한 곳에서/풀꽃 한 송이 피어나는 것을" 사진 찍는 어린 학생의 마음이 그것이다. 그냥 지나칠 수도 있는 아스팔트 벌어진 틈에서 뿌리를 내리고 생명의 의지를 지닌 풀꽃에 관심을 갖는 어린 학생의 정서적 사건을 놓치지 않는 시적 화자는 "아, 그래서 하늘엔 별이 빛나고/ 사람들은 더욱 아름답다"고 하는 것이다.

앞의 두 작품은 김영천 시인의 시가 지향하는 지점이 삶의 본질을 모색하고 때묻지 않은 순수한 인간의 본성을 탐구하고 있음을 짐작하게 한다. 이에 반해 다음 작품 「입이 하는 말」은 '입'이라는 인체의 특정 부위를 통해 실존방식을 드러내고 있다.

빗물을 3.5리터 정도 가둘 수 있다는
키나발루에서 피는 통 큰 식충화
네펜데스를 닮았습니다

제 몸보다 더 길고 짙푸른 집게발을 가진 새우
우당갈라를 닮았습니다

아무 것이나 잡아먹기 좋게 통 큰 입을 벌리고
무엇이든 쉽게 잡아채게
길다란 집게발을 벌리고

호시탐탐,
당신들을 노리고 있습니다

아무리 경계해도,
말씀을 삼가하셔도
참 큰일입니다.

말은 몸을 규제하고
몸은 정신을 정형합니다

단호하게 입을 막고 서서는
보세요.
나는 온몸이 입입니다

-「입이 하는 말」 전문

'입'은 음식을 먹거나 말을 하는 고유의 기능을 가졌다. 특히 소통의 수단인 말을 할 때도 입을 통해서 한다. 그래서 예로부터 입을 조심하라는 말이 있다. 말은 존재를 규명하는 수단이며 존재 그 자체이다. 네펜데스라는 식충화는 벌레를 잡아 먹는 꽃으로 3.5리터의 물을 담을 수 있을 정도로 큰 입을 가지고 있다. "아무 것이나 잡아먹기 좋게 통 큰 입을 벌리고/무엇이든 쉽게 잡아채게/길다란 집게발을 벌리고" 먹이를 노린다. 시적 화자가 주목하는 것은 입으로 "호시탐탐,/당신들을 노리"기 때문이다. 이 작품은 네펜데스라는 식충화가 자신의 몸보다 큰 입을 벌리고 먹이를 잡아먹는다는 데서 시적 발화를 한다. '설화舌禍'를 일으켜 자신을 망치지 말라는 경고의 메시지를 보내며, 말을 잘못 뱉는 행위를 식충화에 비유하고 있다. 식충화를 입으로 환치시켜 말을 삼가라고 한다. 그렇지 않으면 "아무리 경계해도,/말씀을 삼가셔도/참 큰일입니다."라고 하는 것이다.

'입'이 1인칭 시점으로 작품을 이끌어가고 있는 형식으로 함부로 하는 말이 어떤 결과에 이르게 하는지를 잘 묘파하고 있다. 그러므로 “말은 몸을 규제하고/몸은 정신을 정형합니다”라고 말할 수 있는 것이다. 즉 몸의 일부인 입이 말을 통해 정신을 규제할 때 몸이 정신을 바로잡을 수 있음을 사유한다.

존재의 실존방식에 대한 김영천 시인의 탐구는 다양하게 변주되고 있다.

「내가 지은 집」에서는 집의 본래 기능인 거주의 개념이 왜곡되어 재화적 가치로 크게 욕망하는 것에 대해 시적 화자는 성찰의 메시지를 담아내고 있다. “사람들만 집 때문에/눈물로 한 세월을 보내고/집 때문에 목숨을 담보” 하는 우리의 현실을 질타한다. “무슨 영화를 맛보겠다고/무슨 평안을 취하겠다고/나를 다 내어주어/집 한 채를 이루려 하는가”가 바로 그 대목이다. 이 작품에서 ‘집’의 기의記意는 다의성多義性을 띤다. 재화적 가치로 바라보는 탐욕의 대상으로써의 ‘집’과 “사람만이 제가 지은 아집에 갇혀/꼼짝하지 못한다”에서의 ‘아집’이라는 불통의 ‘집’이다. 여기에서 “제가 지은 아집”은 객관성을 상실한 자신만을 내세우는 좁은 생각을 말한다. 아집은 소통을 차단하는 사려깊은 사유가 아닌 독선으로 스스로를 가두는 감옥이 되기도 한다.

김영천 시인은 이를 극복하기 위해 ‘우리 사이’를 제시한다. 「우리 사이」는 사람과 사람 사이의 관계에 대해 ‘적당한 거리’의 중요성을 말한다. ‘사이’는 “너와 나를 잇는 이음줄"이며 "서로 업어주는 은근한 뜻"이라고 한다. 뿐만 아니라 "너무 멀지도 않고/너무 가깝지도 않는" 거리가 우리 사이의 적당한 거리임을 밝힌다.

'우리 사이'가 적당한 거리로 이어질 때면 '너와 팔짱 끼고 걷기'를 하겠다는 의지도 보여준다. 「너와 팔짱 끼고 걷기」에서 "내가 너보다 높아지지 않겠다"고 한다. 뿐만 아니라 너를 바라보는 시선은 늘 고마움이고, 칭찬과 미소를 짓겠다고 한다.

김영천 시인의 실존방식은 자신은 물론 타자에 대해 예의를 지키는 일에 큰 관심을 가진다. 어렵지 않은 것들이지만, 그러나 실천하지 않는 사람들의 태도를 경계하면서 시적 화자 스스로에게 하는 다짐이기도 하다.

3.

생명이 있는 것들은 모두가 피할 수 없는 것이 생로병사生老病死의 과정이다.

인간 역시 태어나서 살다가 청춘을 지나 늙기 마련이고 마침내 죽음에 이른다. 서정시는 이 시간의 흐름 속에 놓여있는 인간의 삶을 형상화시킨 것으로 나이에 알맞은 정서적 변화를 시인마다 각기 다른 개성으로 시작詩作한다.

이번 김영천 시인의 시집에서는 노년의 정서에 반응하는 소회가 다양하게 변주되고 있다. 자신의 삶은 물론 세계를 바라보고 인식하는 태도가 매우 건강하고 긍정적이다. 때로는 깨달음을 때로는 성찰과 통찰의 메시지를 통해 삶의 본질을 모색하고 있다.

나이 드는 것은 젊음을 버리는 것이 아니라
제 안에 감추는 것이네
조금씩 조금씩
아무도 보지 못하는 곳에 감추어 두는 것이네

그러나 젊음은 약동하는 것
잘 갈무리해두었어도
갑자기 나타나 나를 놀라게 하기도 하고
다른 이들이 내 안에 숨어 있던
젊음을 눈치 채고 감격하기도 하네

꼭 어느 일정한 때나 어느 시절이 아니라
더 어릴 때도 있고
좀 의젓해진 나이일 때도 있고

거울 속의 나를 보면
젊음은 재빨리 깊은 곳으로 숨어버리고
낯선 노인이 나를 바라보네

하지만, 언제라도 다시 나타날 그 젊음 때문에
오늘도 새롭게, 힘차게
다시 시작하네

그의 이름은 희망인지 모르겠네

-「내 안의 청년이여, 고마워라」 전문

"나이 드는 것은 젊음을 버리는 것이 아니라/제 안에 감추는 것"이라는 첫 소절이 말해주듯 시적 화자는 노년에 이르러서는 젊음을 버리는 것이 아님을 밝힌다. 다시 말해 노년이어도 내면 깊숙이 젊음을 간직하고 있는 것이다. 그럼에도 불구하고 젊음이 어떤 계기를 통해 "갑자기 나타나 나를 놀라게 하기도 하고/다른 이들이 내 안에 숨어 있던/젊음을 눈치 채고 감격하기도" 한다. 아무도 보지 못하는 곳에 감추어 둔 젊음 때문에 생기발양하게 살아갈 수 있다. 김영천 시인 스스로를 놀라게 하는 젊음은 시인의 기질이기도 하지만 근본적으로는 견고한 정신성精神性의 바탕이 된다. 정신이 몸을 이끌어간다고 볼 수 있다.

그러나 오랜 시간의 강을 흘러온 시적 화자는 "거울 속의 나를 보면/젊음은 재빨리 깊은 곳으로 숨어버리고/낯선 노인이 나를 바라"본다고 고백한다. 마음 속 깊은 곳에 있는 젊음이 시적 화자의 정신세계를 지배하고 생을 이끌어 왔기 때문이다. 그렇지만 실재와 진실의 모습을 보여주는 '거울'이라는 기제를 통해 낯설지만 겉으로 드러나는 시적 화자를 되비쳐준다. 거울 속의 '낯선 노인'을 통해 슬퍼하거나 절망하지 않는다. 낯선 노인을 이끌고 가는 힘이 "언제라도 다시 나타날 그 젊음 때문에/오늘도 새롭게, 힘차게/다시 시작"할 수 있기 때문이다. 젊음을 시적 화자는 '희망'이라고 부른다.

나이들어 간다는 것, 즉 늙어가는 것을 부정적으로 인식하지 않고 현실로 받아들이면서 젊음을 생의 동력으로 삼고 있다.

다음의 작품 「노년의 사랑」은 육신의 노화로 인한 질병에 대한 시인의 마음을 되비친다.

누구나 어딘가에
크고 작은 상흔 하나쯤을 가지고 있는 것처럼
묵은 질병 하나씩을 품에 끼고 사는
나이가 되었다

욕심이 많아서
더러는 그 놈의 질병과 열애라도 하는 듯
조금씩 연민을 갖는다

보라,
삶이나 죽음이 나를 모두 해탈한 듯
껄껄껄 웃으면서도 돌아 앉아 껄꾹껄꾹
허무를 삼키는 나이가 아닌가

미움과 사랑은 벽지 한 장 차이라 하던 것,
오늘도 묵은 병을 움켜쥐고 간절하다

언제나 까마득하게만 보이던 곳에 이르러서야
마음을 추스리는 법

하고 많은 이들 중에 못명한 나를 찾아 주셨는가
놓아도 놓아지지 않는 꿈속의 질긴 연줄처럼
어처구니 없이도 깊은
내 연애

-「노년의 사랑」 전문

건강한 사람도 나이가 들면 몸에 질병이 있기 마련이다. 시적 화자인 시인도 자신이 "묵은 질병 하나씩을 품에 끼고 사는/나이가 되었다"고 토로한다. "더러는 그 놈의 질병과 열애라도 하는 듯/조금씩 연민을 갖는다"고 하는데, 전제되는 것은 "욕심이 많아서"라고 한다. 그러나 어느 누가 질병을 좋아하겠는가? 그럼에도 "조금씩 연민을 갖는다"는 인식이 남다르다. 그것은 "삶이나 죽음이 나를 모두 해탈한 듯/껄껄껄 웃으면서도 돌아 앉아 꺽꾹꺽꾹/허무를 삼키는 나이"이기 때문이다. 죽음에 대한 두려움에서 자유롭지 못한 인간이 그것으로부터 해탈한 듯한 시적 화자의 범상하지 않은 삶과 죽음에 대한 인식태도를 보여준다. 특히 '허무'마저도 삼키는 나이에 이르른 화자이기 때문에 질병의 위협에 대한 불안의식을 초월했다고 볼 수 있다. 이러한 배경에는 노년의 '묵은 질병'에 대한 체관諦觀적 관조에서 오는 태도라고 여겨진다. 그러므로 "미움과 사랑은 벽지 한 장 차이"라는 말을 바탕으로 미움의 대상인 질병을 사랑하는 것이리라. 떨쳐버릴 수 없는 것이라면 함께 가겠다고 함으로써 오히려 마음이 편해지는 것과도 같은 것이다. 그런 까닭에 오히려 수

많은 사람들 중에 자신을 찾아준 질병을 마치 사랑하는 사람과의 사랑처럼 연민으로 바라보는 것이다. 시적 화자는 이러한 상황을 "어처구니 없이도 깊은/내 연애"라고 하고 있다.

다음의 작품들도 노년의 정서와 깨달음을 시로 형상화하였다. 「그런 엄살이 어디에 있는가」에서 "누구는 서른에 잔치가 끝났다 하고/누구는 쉰 나이를/화려한 뷔페 상에 가장 손이 안 가는 콩떡이라"고 하였다 한다. '서른'이나 '쉰' 나이에 젊음이 다 가버렸거나 외면받는 나이라고 말하는 사람들을 생각하며, 이미 그 나이를 지나와 일흔 살 나이가 된 시적 화자는 "귀신도 모올래 돌아서 가고/그림자도 제가 먼저 납작 엎드"리는 삶을 많이 살아 젊은 시절 보이지 않던 것을 보게 되는 깨달음에 이른 세월이 되어 젊은 시절은 물론 오늘 세상을 살면서 엄살을 떠는 것을 경계한다. 그러면서도 "모른 척 하는 게 상수"라는 깨달음을 설파하는 것이다.

「칠순에 부치는 시」에서도 '칠순'이라는 나이가 의미하는 '노년'에 관한 시인의 인식태도를 드러낸다. 시적 화자에게 칠십의 나이는 "사무친 세월"이지만, "아흔 그 어르신은/칠십이란 한참 좋을 때"여서 꽃이라도 피울 수 있는 젊음이라고 말하는 것에서 "몸도 마음도 삼가"고, "흠 잡히어도/용서해 주세요"라고 삶의 매무새를 정갈하게 가다듬는 태도를 취한다. 인생, 어느 때든지 인간다운 삶을 살아야 한다는 깨달음의 메시지를 던지는 것이다.

「어르신」에서는 "너무 느리다고/재촉하지 말아라"고 한다. 인생은 강물 같은 것이어서 "하구 쯤에 가선/발길이 더딘 것"이기 때문이다. '어르신'의 말씀이기도 하고, 어르신이 된 시인의 깨달음이기도 하다. '어르신'이라는 시적 화자를 통해 삶의 이치를 묘파하는 이 작품은 바삐 서두르는 젊음에게 들려주는 충고이기도 하지만, "이젠 다 왔다"라고 말하는 시적 화자의 깨달음이라고 할 수 있다. 그러므로 "늙어서 저절로 알게 된 것을/자득自得이라"(「자득(自得)」)고 말할 수 있는 것이다.

4.

환경위기에 대한 인류의 다양한 대응은 생명성을 극복하고자 하는 노력이다. 인류를 포함한 지구에서 살아가는 생명체들이 멸종할지도 모르는 위협에 대한 반응이며 생명성 탐구로 근대 이전, 즉 산업화 이전의 생태학적 상상력과는 결이 다른 직접적인 위기의식을 표현하고 있는 것이 오늘의 생명운동이다. 김영천 시인의 이번 시집에서 특별히 공을 들여온 생명성 탐구의 시편들은 지구의 생명성 위기는 물론 생명의 본질을 관통하는 근원적인 질문을 던지고 있다. 그리고 그의 생명성을 모색하는 작품들은 단순하게 생명성을 드러내는 것만이 아니라 시인 자신의 실존방식에 대한 깊은 사유를 다의적으로 보여주고 있어 주목된다. 이는 눈에 보이는 것 뿐만 아니라 노출되지 않은 어떤 근원을 탐색하고 있어 시적 깊이와 사유의 깊이를 함께 하고 있어 노년에 이른 완숙함이 삶의 본질에 대한 원초적인 질문과 대답을 구하고 있다.

지난 봄에는 나비를 본 적이 있었던가
벌들을 본 적이 있었던가
그만큼 내 바깥출입을 자제하고
방 안 깊숙이 틀어박혀만 있었던가
그 때의 일들을 기억하지 못할 정도로 기억력이 쇠퇴했는가
나비가, 벌이 활동을 하지 않았던 건 아닌가
추운 겨울을 이겨내지 못해 깨어나지 못한 건 아닌가
생태계의 교란으로 그 종이 사라질 위기에 있는가
환경의 파괴로 그들의 터전이 사라진 때문인가
꽃들은 벌과 나비를 찾지 않으신가
하염없이 기다리기는 하시는가
혹시 꽃들이 기다림에 지쳐 다 져버린 것은 아닌가
꽃들도 꽃 피우기를, 수정되기를 애초부터
다시 시작해야하지 않는가
충매화들도 서서히 풍매화가 되거나
자가수정으로 방식을 바꾸어야 하지 않는가
해외여행이라도, 참여프로그램이라도 따라 나서야
그들을 만날 수 있는가
마침내 교과서나 박물관에 가서야 그들의 모습을 보게 되는가
아, 꽃이 없어도 벌나비가 없어도 봄은 봄인가
봄은 오고 가는가

-「간단한 질문」 전문

이 작품의 형식은 시작부터 끝까지 행마다 의문형, 또는 질문형식을 취하고 있다. 질문을 통해 시적 화자가 자신은 물론 독자들에게 스스로 답을 구하는 형식이다. 궁금해서 묻는 것이 아니라 위기에 처한 생태현장의 문제를 강조하기 위한 시적 장치로 볼 수 있다.

"지난 봄에는 나비를 본 적이 있었던가" "벌들을 본 적이 있었던가"라는 질문들은 나비와 벌이 점점 사라져 가고 있음을 우회적으로 나타내는 말이다. '바깥출입 자제' '기억력 쇠퇴'는 나비와 벌을 보지 못한 이유가 되지 못함을 시적 화자가 모르는 바가 아니다. 인간 중심적 근대문명으로 온난화나 기후변화로 인해 수많은 생명들이 멸종해 가고 있는 것을 우리는 안다. "생태계의 교란으로 그 종이 사라질 위기에 있"으며, "환경의 파괴로 그들의 터전이 사라진 때문"이라고 질문을 통해 그 이유를 밝히고 있다.

시적 화자의 생명의 위기를 "혹시 꽃들이 기다림에 지쳐 다 져버린 것은 아닌가/꽃들도 꽃 피우기를, 수정되기를 애초부터/다시 시작해야하지 않는가/충매화들도 서서히 풍매화가 되거나/자가수정으로 방식을 바꾸어야 하지 않는가"라고 우려한다. 그리고 "마침내 교과서나 박물관에 가서야 그들의 모습을 보게 되는가/아, 꽃이 없어도 벌나비가 없어도 봄은 봄인가/봄은 오고 가는가"라고 나비와 벌이 사라져버린 끔찍한 지구의 봄을 상상하고 있다. 아니 '나비와 벌이 날아다니는 봄이 오고 있기나 하는가'라고 비탄에 빠진 어조로 절망하고 있다.

시인은 시제를 '간단한 질문들'이라고 하였다. 시제를 통해 메시지를 전하고 있는데 그것은 자연을 재화적 가치로 인식하여 무분별하게 훼손한 근대를 지양하여 인간과 자연이 공생하는 세계를 꿈꾸기 때문이다. 인간의 탐욕을 경계하면 생명의 위기를 극복할 수 있다는 뜻이다.

생명의 연속성을 통해 생명체들이 진화하여 오늘의 생명체계를 이루었다. 생명의 연속성은 그 근간에 '사랑'이 전제된다. 상대에 대한 사랑, 그리고 자신의 유전자를 가진 것에 대한 사랑이 가장 원시적이고 원초적인 생명의 근원이다.

나비 두 마리가
꼼짝하지 않고
마주 보고 앉았네

맞수끼리 앉아
초읽기 바둑을 두는 듯
벌써 몇 시간째 그러고 있네

사랑은 전광석화처럼 오는 것
그러나 사랑은 천천히 천천히 다가서야
오래 가는 것
저들은 이미 꿰뚫어 아는 것 같네

목숨처럼 간절한 저들의 사랑 앞에
천방지축 날뛰기나 하는 세속의 눈을
삼가 감아야 하리니

햇살이 호올로 눈부시네

-「부처나비」 전문

시적 화자는 부처나비 두 마리가 서로 마주보고 꼼짝하지 않는 장면을 목도하고 있다. 그 모습이 마치 "맞수끼리 앉아/초읽기 바둑을 두는 듯" 하다. 암수 두 마리가 오랜 시간 동안 움직이지 않는 모습을 "사랑은 전광석화처럼 오는 것"이지만, "그러나 사랑은 천천히 천천히 다가서야/오래 가는 것"이라는 사랑의 원리로 "저들은 이미 꿰뚫어 아는 것 같"다고 여긴다. "천방지축 날뛰기나 하는 세속"적인 사랑은 쉽게 식기 마련이어서 천천히 다가가기 위해, 그래야만 진정한 사랑이고 오래 가는 것이라는 사랑의 본질을 한갓 미물들에게서 발견한다. 쉽게 만난 사랑이 쉽게 등돌리고 마는 요즘 인간의 사랑법에 대한 성찰을 "목숨처럼 간절한 저들의 사랑"에서 깨닫는다.

이렇듯 일회용으로 소비하지 않는 영원한 사랑을 시인은 「칼을 뺐으면 호박이라도 찔러라」에서 밤새 우는 풀벌레 소리에서 발견한다. "시를 써도 저리 열심히 써야/절편이 나올 것이"라며 "사랑을 해도 저리 끈질겨야/마음을 얻을 것이"라고 한다. 그러므로 시인은 "찌르르르/찌르르르" 밤새 우는 풀벌레들의 구애소리를 간절하고 진실된 사랑의 방식으로 인식하고 있다.

위대한 생명성의 발현은 모성성에서 볼 수 있다. 그것을 노래한 「독을 품은 결기」에서 탐구하고 있다.

그 순한 감자가
보관만 잘 하면 겨울을 넘어
봄까지도 만만한 반찬거리나 요깃거리가
되어주는 감자가

오, 조심하여야 하느니
싹이 돋으면 그 눈에 독을 품는다

푸르게 일어서는 산처럼
시퍼렇게 독이 오른 것들을 보라

제 아이를 위해서라면 목숨까지도 버리는 어미처럼
새로운 생명,
싹을 돋우어내려는 그 결기에
그만한 마음 품지 않겠는가

새로운 시작은 결코 만만치 않다는 것을
이빨 악물고 결연히 일어나야 한다는 것을
이미 감자는 알고 있었느니

오늘은 감자가 선생이다

-「독을 품은 결기」 전문

감자는 예로부터 가뭄으로 먹을 것이 없을 때 먹었던 구황작물이다. 척박한 땅에서도 잘 자라는 감자는 생명력이 끈질기다. 이러한 감자의 생태적 특징을 간파한 시인은 "싹이 돋으면 그 눈에 독을 품는다"며 조심하라고 경고한다. "푸르게 일어서는 산처럼/시퍼렇게 독이 오른 것들을 보라"고도 한다. 감자는 햇빛에 노출되면 멍든 것처럼 파랗게 변한다. 그리고 싹이 돋을 때 푸르다. 시적 화자는 '독이 올랐다'고 한다. 그런데 그 독은 "제 아이를 위해서라면 목숨까지도 버리는 어미"가 "새로운 생명,/싹을 돋우어내려는 그 결기에/그만한 마음 품"는 것이라고 한다. 더불어 "새로운 시작은 결코 만만치 않다는 것을/이빨 악물고 결연히 일어나야 한다는 것을/이미 감자는 알고 있었"기 때문이라고 한다. 새로운 생명을 지키려는 어미의 모성성을 노래한 이 작품에서 시적 화자는 감자로부터 생명성을 깨달았다며 "감자가 선생"이라고 말하기에 이른다.

모성성을 간파한 작품 「새 대가리란 말은 없어져야 한다」에서 "물떼새 어미가 뙤약볕에서 놀던 새끼들에게/양날개를 활짝 펼쳐 그늘을 만들어 주는" 사진을 통해 포식자들로부터 새끼를 지키려는 어미의 지극한 모성성을 형상화시키고 있다.

「집게벌레의 사랑」에서는 부화한 새끼들에게 자신의 몸을 먹이로 내놓는 지독한 자식사랑을, 「가장 위험한 동물」에서는 "가장 위험한 동물"은 "새끼 있는 어미"라고 말함으로써 생명성을 옹호하려는 시적 화자의 내면을 엿볼 수 있다.

이밖에 생명성을 노래한 작품으로는 「지네발란처럼」이 있다. "비 한 방울 내리지 않는 날이 계속되어도/뿌리를 뻗고 꽃을 피우는 지네발란이/바위 위를 기어오르는 것을 보고서야" 사랑의 방법을 알았다는 시적 화자의 고백은 생명성의 본질을 관통하고 있다.

「거저리」에서는 나미브 사막에서 살다가는 딱정벌레가, 300m 높이의 정상에 올라가 물구나무를 하는데, 몸에 안개가 붙게 하여 물을 얻는 방식이다. 건조하고 물이 없는 뜨거운 사막에서 살아가는 딱정벌레는 그러므로 "아무리 힘들고 마음 아파도/차마 눈물 한 방울 흘리지 못하고 살아간다"고 묘파함으로써 끈질긴 생명에의 의지를 드러낸다.

「기다릴 줄 아는 힘」에서는 탈피동물의 생태를 통해 성장의 모습을 보여준다. "껍질을 찢고 나오는" 시간, "날개를 말리는 순간" 등이 지루하고 위험하기도 하지만 "빨리 탈피하지 못한다고/애닳아 하지 말"라고 한다. 그것은 "기다리지 않고 이루는 것들은//다 생명이 짧"기 때문이라고 한다. 완전한 생명성을 얻기 위해서는 지루하고 위험하지만 시간과 인내가 필요함을 강조하고 있다.

5.

김영천 시인의 시집 『아직도 사람을 믿는다』는 어떻게 살 것인가에 대한 실존방식을 시인 자신의 일상에서 깊은 사유로 길어올리고 있다.

현실의 모순과 부조리 등의 그늘을 비판과 성찰을 하면서도 건강한 삶을 모색하는 그의 시편들은 궁극적으로 유토피아를 지향한다. 주지하다시피 유토피아는 현실에서는 만날 수 없다. 그럼에도 유토피아를 지향하는 것은 보다 나은 세계를 바라보는 과정이 중요하기 때문이다. 이러한 힘이 시인의 책무인 까닭이다.

시집의 한편에서는 노년에 이른 소회를 다양하게 변주한다. 자신은 물론 세계를 바라보고 인식하는 태도가 매우 건강하고 긍정적이다. 깨달음은 물론 성찰과 통찰의 메시지를 통해 삶의 본질에 다가가고자 한다. 특히 노화현상을 자연스럽게 생로병사의 한 과정으로 인식함으로서 '병'에게조차 연민을 갖는 태도는 진중한 해학은 물론 영혼의 아름다움을 느끼게 한다.

김영천 시인의 주목되는 시적 경향인 생명성 탐구의 시편들은 지구환경의 위기의식을 직접적으로 드러내기도 하지만, 생명의 본질에 대해 근원적인 질문을 던지고 있다. 더불어 그의 생명시학의 깊이를 보여주는 것은 실존방식에 대한 진중한 사유를 드러내고 있기 때문에 더욱 값져 보인다.

남도의 항구도시 목포에서 한국시의 지형을 확장시키는데 공을 들여온 김영천 시인의 시편들은 형식에 있어서도 독자친화적이다. 최근 젊은 시인들을 중심으로 우리 시들이 지나친 난삽과 굴절우회로 서정시의 본질을 왜곡하는 것이 유행처럼 번지고 있는데, 이를 지양하고 독자들에게 쉽게 접근하면서도 사유의 깊이를 보여주고 있어 참으로 반갑다.